떠나지 않는 예언

김영수 시집

시인동네 시인선 238　　　　　　　　　　　　　　김영수 시집

떠나지 않는 예언

시인동네

시인의 말

별이 빛나는 찻잔을 가졌다.

꽃밭에는 언제나 바람이 울고
한두 번 머뭇거리다 지나가는 발걸음들이 있었다.

찬란한 것들은 차라리 지나갔다.
그럴만한 처지들만 서로 울음을 참으며
복닥불을 키웠다.

간신히 다가온 아침에
바람은 모두가 동의하는 꽃을 만들고 사라졌다.

약속은 없었지만 찻잔이라는 정중함도
시름을 뒤적이는 지난 일도 만났다.

세상의 모든 결손이 찻잔에 잠시 녹았다.

2024년 9월
김영수

차례

시인의 말

제1부

애수 · 13
지하방 세놓기 · 14
예언 · 16
아쿠아리움 · 18
양아버지 · 20
물론들 · 22
밤의 테라스 · 23
가을 일기 · 26
동경(銅鏡) · 28
병렬식 · 30
복창 · 31
삼천갑자 · 32
유머레스크 2 · 34

제2부

새가 있는 소묘 · 37

달리기 · 40

탕진 · 42

야자수 나무 아래 · 44

적막 · 46

택호 · 48

낡은 소파가 있는 정물 · 50

오래된 말 · 52

밤에는 · 54

윤회 · 56

발표되지 않은 규칙 · 58

그때 초상 · 60

떠날 무렵 · 62

제3부

얼굴 · 65

회상 · 66

모르는 강변 · 68

떠나도 돌아오는 말처럼 · 70

목련 · 72

농담 · 73

바리움 2 · 74

능청 · 76

물론들 5 · 78

조등 · 79

소식에 귀 기울이며 · 80

밤새도록 달려서 · 82

루체른광장 · 84

제4부

보편 · 87

한순간 · 88

에티튜드 · 90

잔지바르의 별 · 92

숲 · 94

그녀 밖에서 한창인 그녀 · 97

습관 · 98

지독한 운명 · 100

여기 남기 싫어서 · 102

조급조급 · 103

해변의 트럼펫 · 104

몬드리안 · 106

저 멀리서 · 108

해설 재현 불가능한 세계의 풍경 · 109
　　　　오민석(문학평론가·단국대 명예교수)

제1부

애수

이것은 슬픔의 말미 같아서
오래된 뒷골목으로만 내리는 밤비 같아서
언제 끝났는지도 모른다

붉은 칸나에 흐르던 빗줄기처럼
내 속에는 아직도 내리는데

그때 그 사람들이 가져간 이별 속에는
첫사랑이 생기고 떨리던 문고리가 있고
어쩌다 이별도 있었겠다

비 오는 날에는 쓸데없는 꽃이 피어 수줍고
나 없는 거리에 생각은 더 세차서
돌아갈 줄 모른다

지하방 세놓기

발자국을 열고 나는 지하실을 내려간다
거기엔 어릴 적 가지고 놀던 공주 인형이나
플라스틱 풀장도 없고 숨겨놓은 비명도 없다
대신 쩔쩔매고 있는 건널목이나 말조차
걸 수 없는 육박전이 있다
싸움이나 정지 명령은 방금 시작되고
빛바랜 단면을 숨길 수 없는 목소리들이
간수처럼 돌고 있다

내 위층은 아직도 달이 뜨고 버드나무 가지들이
푸른 물에 멱을 감는 풍경을 보고 있다
데이지 문양이 수 놓인 튤 레이스 위에
식은 커피가 살고 내가 복제된 가족이 살고
정시에 퇴근하는 일일 달력이 산다
초인종을 누르고 택배를 던져넣는다
불 꺼진 저녁이 소음들의 자물쇠를 채운다
행복의 조건을 목록으로만 가지는 수첩이
뭔가를 적고 있다

지상의 소리를 잊으려 해도
잘 따온 복각 판처럼 아픈 데를 골라 찌른다
태생의 분별은 이렇게 틈을 주지 않고
무관한 것까지 서열을 매긴다
이제 지하는 문을 걸어 잠근다
주인 모르는 소음이 사는 곳이 아니다
개종한 사람들이 우르르 가는 곳이 아니다

지하실의 명백한 혐의는
나를 주저앉히는 손짓이었다

예언

달리는 기차에 대해 예언한다
비 오는 거리에 대해 예언한다
내리막길에 대해, 얼음에 대해,
둘이 손잡고 가는 관계에 대해 예언한다

어제까지의 결과는 온통 신문으로, 책으로,
카메라로, 폐쇄회로로 숨어버렸다
지친 점쟁이들은 오늘도 제단이나 성물에
아무도 모르게 반감을 가진다

세상은 예언에 맞서 점점 더 희박한 확률을 유지한다
언제나 입이 벌어지고 다리가 후들거릴 정도의 결과로
예언을 이긴다
남에게 아무것도 아니라고 말할 정도의 객기와
강심장도 이상하게 심어준다

예언하지 않은 곳에서
새가 우는 아침을 맞을 거라는 예언은 폐기된다

그러나 어린아이들의 팔다리에
그들의 뒤에서 닫히는 문소리에
그들의 고요한 잠버릇에 예언은 살아 있다

붉은 비상벨들이 침착해졌다
한마디 덧붙여도 좋을 불쾌한 소문들에게
아래위로 접점이 되는 손쉬운 스위치들에게
예언은 고개를 치켜든다

시궁창이건, 가스레인지 속이건 파고들어
조사를 쓰고 있는 컴컴한 얼굴들을 찾아낸다
한 지역, 한 무리 사람들에게 최초의 그 전기 스위치를
영원히 생각나게 하는 전횡도 휘두른다

예언을 확인하는 인간의 등에 홍수에 떠내려가는
표정을 새기기도 한다 떠나지 않는 예언은

아쿠아리움
— 인공조명

새벽까지 물속에서 사진을 찍는다

공기 방울은 하나의 생명을 책임졌다가
퇴임하는 뒷모습 같아서 항상 자신 있게 올라간다

수풀들이 물에 잠겨 질식하기 전까지
자신을 뽑으려 했던 몸부림이 있다

모델은 당분간 지워지지 않는 화장을 하고
카메라 속으로 들어간다

이것이 예술인 건가?

부아가 치밀어 오르는 목도리를 두르고
아무 일 없는 듯 차분한 인상을 뿌려준다
유지해 준다 너라고 칭하는 물속에서

고민은 호흡 중간중간에 더 박력 있는

자극을 주고 그것이 예술에 더 포지티브한지는
물만이 알 것이다

물속은 온몸으로 느끼는 상처다
그렇게 생각하면 할수록 질식은 도드라지고
무슨 일을 낼지 고민 중이다

불빛만이 출렁이고 자상하다
새벽까지 물 밖에서 살아간다

양아버지

"너네 새 아버지는 어디야?"
"공장은 잘 돌아가?"

너의 두 번째 고향은 어느 코끝이니, 쌍꺼풀이니,
애교 보존 지방 덩어리니?

거긴 반달 턱선에 맞게
말씨나 행동에 보톡스라도 시술해 준다니?

언제 떠나온 거니?
마음에 들지 않는 마음에서

가벼워진 뱃살과 함께
재배치된 너의 용기

이제 너는 네가 없는 과거로 가득 찰 테지만

거울 앞에 서면 누구보다

너를 못 찾는 너를 마주할 테지만

그러나 펼쳐지는 장면마다 리프팅 되는
너의 의미

공주는 언제나 마음을 여럿 녹여
나머지는 잠 못 이루고

아버지는 죽지도 않을 거야
네가 웃는 그곳에서

물론들

 기억은 불타버린 집과 깨진 유리창으로부터 온다 기차는 비 맞고 섰고 애인은 이별을 통고한다 박물관에 녹슨 칼들은 날마다 수척해져서 쉽게 용기를 내지 못한다 냄새나는 하천에도 밤마다 달을 띄우고 연인들을 초대한다 이글거리는 강둑에 나열돼 있는 사건일지들 영혼이 빠져나간 풍경들은 마른 수숫대처럼 쉽게 스러진다 지난날을 후회하는 가정법들은 거리를 떠돌며 나뭇잎을 세고 새 한 마리도 때려 울게 한다 물론들은 당신의 관을 열고 당신에게 붙어 있는 성공적인 약력을 생략해 본다 벤치들의 편한 요구에 공공세는 높아가고 무럭무럭 커가는 풀들이 함부로 돌아다니는 것을 공원 관리원은 굳이 공론화하지 않는다 더 큰 감격을 보고 싶은 전구들이 있는 한 물론들은 지난가을 단풍 색과 늘어진 빨랫줄을 걸고넘어지지 않는다 높고 낮은 데를 다 짚어본 지팡이마저 수준을 거론하지 않는다 바나나 껍질이나 게딱지, 여우 털이거나 나비의 날개들, 감가상각과는 전혀 상관없이 이들에게 전제의 칼날은 맵다

밤의 테라스

어렴풋 창밖에 새들이 난다
어둑해지면 기슭의 양 떼들도 돌아오고
주점에는 걸어온 술꾼들로 가득하다
밤은 누구의 추억이라도 되려는 듯
사람들 뒤에서 어슬렁거린다
광장의 포석들은 목적처럼 빛나서
순례자의 발길을 밝힌다

사랑의 찬가를 부르는 검은 레이스
흘러가 버린 밤들이 남긴
지키지 못한 약속과 이유를 모르는 눈물들
뾰족한 첨탑과 정확한 시간들
아직도 스러져가는 폐사지와 공공부지에서
별빛과 주술들이 팔리고 있다

환각은 밤마다 으스댄다
주점 지하창고에서 역동성은 숙성되고
편편한 테이블에서 실험된다

예쁜 탈을 쓰고 어떻게 걷는지
질펀한 표정은 어떻게 주고받는지
발을 뻰 곳이 아니면 절대 모른다
사람들 사이
침묵은 아무렇게나 차려놓은 매혹에 걸려
혼자 중얼거리는 날들이 많아진다

새들이 난다
오래도록 만들어진 이유를 박차고 날아오른다
누구는 관심사가 전혀 없는 것처럼 문을 나선다
첫눈에 반한 연인들
귀퉁이 깨진 비석 옆에서 서로를 본다
달콤한 술책에 몸을 맡긴 이야기들이
어느 흰 머릿결 속으로 스윽 들어갈 동안
훔쳐볼 수 있는 작은 창문도 따라 들어간다
아침을 끌고 오는 기차가
이 도시의 방문객들을 모집하고 있다
아무 일 없이 서로 스치는

예정된 광장을 만들고 있다

모두들 돌아간 밤의 테라스
먼 허공에다 눈빛을 모으며
불가능을 향해 간 발걸음들도 있다
밤을 대신할 건 아무것도 없기에
울다가 웃다가 돌멩이라도 차는 사람이 있다
하지만 흥분한 황소도 조용한 이야기 속에 파묻기로 한다
서서히 태어나는 갓난아기들도
농담학교를 진지하게 다니는 모범생들도
비 새는 지붕을 이고 있는 사람들도

가을 일기

가을에서 내렸다
혼자 여름을 맞고 수영복을 입고 소나기 내리는 거리를 걸었다

가고 싶은 사람들은 이미 떠났다
뜨겁게 연인이던 사람들이 떠나고
새파란 들판이, 구불구불한 가로수 길이 뒤를 따랐다

계절이 떠나고 없는 계절
장미꽃다발을 받아줄 상대도
노래 하나 걸쳐놓을 능선도 없었다
모두가 독백이고 화자였다

떠나간 사람이 생각났다
푸드덕거리며 날아오르던 새 떼들과 애인이 두드리던 문소리와 그것을 제때 듣던 예민한 귀들이 생각났다

부재하는 것들의 강가에 위대한 우상과 다 쓰고 버린 거짓

말들이 있었다
   사용법도 없는 계절이 여럿 쌓여 있었고
   아무도 만지지 않았다
   함께라는 각서에 사인한 서류가
   쓰레기장 파지처럼 온통 날리고 있었다

   목에 걸려 있던 키 작은 콤플렉스를 벗었다
   불거진 핏줄들이 머리와 다리를 이어주었다
   새들은 울지 않았고, 물들이 제 앞을 출렁이며 흘러갔다
   눈 내리는 겨울이 곧 오는 여름이었다

동경(銅鏡)

너의 얼굴에 네가 살았던 빈집이 있다
수수 자루처럼 윗목에서 바스락거리는 기척이 있다
또 은나라 절골 옆에 살던 아주 오래된 웃음이
너의 눈 밑에 스며 있다

그때 울리던 비파 소리가 방 가득 퍼지면
동경에 비치인 노을이 대숲을 뚫고 들어가
눈발같이 떨어진 댓잎을 일으켜 바람길을 연다

참 오래도 가야 되는 후생에서 온 파발이
웃음 한 조각 고이 받아 들고 길을 나선다

콧김 숭숭 내뿜으며 산천을 뛰어넘고, 족보를 넘고,
그보다 더 질긴 슬픔도 휘감으며 내 눈빛 앞에 처연히 풀어
보인다

황금빛 모래가 한 움큼 다 빠져나가고
칠흑 같던 머릿결이 누란을 건너오는 동안

옴팍 하얗게 덮어쓰는 세월을 살아

너는 떠나고 너의 파발도 바리바리 등짐을 싸
독수리 산을 넘어 서광이 비치는 어느 후생으로
네 것을 보낸다

네가 인생의 어느 구비에서 웃음을 보냈듯이
너의 웃음을 보기 위해 나도 떠난다
우리는 다시 만날 것이다
서로 몰랐던 사람들처럼

병렬식

 인도 웨스트 뱅갈의 수도 콜카타, 허름한 어느 도살장 앞에 소들이 일렬로 줄을 서서 죽음을 기다리고 있다 비는 거리에 궁싯거리고, 거지들은 축축한 소 등짝을 부비며 지나간다 인력거꾼들이 가쁜 숨을 내쉬며 람(신)을 찾고 람(신)을 내뱉는다 어둠이 골목골목마다 쌓이면 조그만 영혼들처럼 불빛들이 돋아난다 땀으로 번들거리는 흙빛 피부들, 탄 돼지고기 냄새, 찌르르 코가 따가운 향신료 냄새, 파파야의 단 냄새, 무두질하는 가죽 냄새, 메케한 대마 연기, 가도 가도 넝마로 덮인 세계는 욕망을 다 소진하고 드러누워 있는 사람들의 흐릿한 눈빛 같다 소들은 앞뒤로 뭔가 이야기를 주고받는 듯 때로는 골똘하기도 하고 침을 흘리며 고개를 끄덕이기도 하며 가끔 웅성거린다 한 마리 한 마리 줄이 줄어들 때마다 가벼운 술렁임과 전율이 행렬을 덮친다 죽음과 삶의 경계는 차게 식은 길처럼 새벽까지 이어진다

 동대구 신세계백화점 5층 명품관 구찌와 루이뷔통 매장 앞에 길게 줄 선 사람들이 있다 새로 나온 가방을 사지 못해 안달 난 사람들이다 특권층이라면 당연히 지녀야 할 낙관 같은

복창

새를 좋아하면 나무가 되라
한 사람을 좋아한다면 그 둘레의 침묵이 되라

천지간이 불타던 바다도
노을과 함께 스러지고
한켠에는 벌써 어둠이 찾아와
달이 걸어가고 있다

느린 문답은 불길이 꺼지듯 희미해지고
생애는 맑은 물처럼 다 들여다보인다
바람에 흩어지는 발자국으로 그리워진다
잔뜩 수국을 이고 선 꽃대는 꼿꼿하다

비를 좋아하면 양철지붕이 되고
한 여인을 좋아하게 된다면
불러도 들리지 않는 영원한 이명이 되어
눈 쌓인 산기슭에 귀를 대는 추운 겨울이 되라

삼천갑자

그는 녹슨 시집 한 권 품고 찾아왔다
에디트 피아프의 장밋빛 인생이 강처럼 막아섰지만
강아지풀 빼곡한 깔끄러움에
낭낭한 별자리도 자꾸 뒤척이더니
이내 한 어둠이 집 주위를 가득 채워서
그가 놀리는 칼끝은 아직 쓸만했는데
넘어가는 노을을 시냇가 버드나무 허리에
잠시 꼼짝 못하게 잡아놓기도 했는데
천지가 경천동지할 별총통은 없었지만
꽃을 단 가지들이 제일 외롭게 보이더라는
그 말 한마디 내뱉어서
푸욱 고아 논 늙은 호박범벅이 제맛 찾아가고
시렁에 메주들이 뜨억히 벌어져
토방 아궁이 가톳불은 사위어갔으니
진화라는 말은 엄지발가락으로만
겨우 디딜 수 있는 자리 같아서
쉽게 입으로 내뱉으면 혼날 거 같아서
한 달포를 입속에 걸어 띄우다

육회와 아삭한 배가 만드는 선홍빛 긍정에
그만 잠깐 잃어버렸는데
아차차 시냇물 건널 때 함 찾아보마는 전갈이라도 넣으며
뻐꾹채나물 보랏빛 수술 쓰다듬어 볼 때
마누라가 밥뚜껑에 쳐주던 반주가
세상에서 제일 슬프더라는 그 말 한마디 내뱉어서
아무도 모르게 가끔은 울기도 하면서
새벽에 대문 쿵쿵 두드리기도 하면서
삼천갑자를 돌아 돌아 여기 앉아 있는
그를 만나러 수십 년 전 떠난 그가
맞는지 틀리는지 거울에 얼굴을 대고
스윽 머리칼을 올려보는데
사륵사륵 눈 지나가는 건너편 토방에
놋재떨이를 긴 곰방대로 디립다 치며
한 기침 깔고 앉는 그

유머레스크 2

알지 못했지만 박수를 쳤다
창문을 통해 목련이 전개되었으며
죽음에 적합하지 않은 사람들은 일찍 죽었다
난파선 같은 문장들이 침몰하지도 않고
평화스럽게 미끄러져 갔다
그 장소에서만 할 수 있는 말을 하지 못했다
하루가 짐을 부리고 빠르게 사라졌다

제2부

새가 있는 소묘

닮지 않았다
새는 새를 닮지 않았다
가끔씩 붕괴하는 얼굴, 목소리들

고맙게도 나는 새를, 강을 따라가는 새를,
황혼에 몸을 적시며 자욱이 하나의 점으로
돌아가는 작은 새를 닮았다
아무도 찾아오지 않는 느티나무의 빈집처럼
떠나가면 돌아오지 못한다는 새들을 닮았다

어둠은 굼뜨고 아직 가시지 않는 해가
숲속에서 어슬렁거리는 동안
새들은 검은 내장까지 응답해야 하는
붉은 저녁을 맞는다
영원을 허락하는 것처럼
붉음이 졸아드는 나무에 순풍은 불고
새들은 가지를 옮겨가며 수다를 떤다

새의 주위를 가는 창공이 떠돌고
산과 들판이 우수수 일어선다
무슨 일이 일어나도록
새의 말을 받아 숨기는 풍경
언제나 복제할 수 없는 높이나 넓이로
커버린 풍경이다
구성져서 새가 슬픔을 받아적던 창문
두툼한 역사가 겨우 빠져나가던 창문이다
곧 어둠이 내일의 씨앗을 뿌린다

생각만 했지 시작한 적 없는 상상에게
가정법은 흔들리고 다시 이을 새의 목소리에
만약을 계승하지 않을 이유는 없다
풍경을 이끌고 사는 잿더미에
새들은 언제나 내려꽂히는 기억이 있다
내려가면 갈수록 끊어지지 않는 궤적은
숲이 요구하는, 영혼이 요구하는 얼굴을 디민다
투명한 창문에 그들은 달콤한 새의 진로를 만든다

순교함으로써 세상에 다가가는 목소리를 만든다

온몸을 다해 죽으러 가는 속도는
어떤 강변과 그것을 맹세하던 여백이다
여백이 창백한 새벽의 뺨을 늘려갈 때면
산 너머 모항으로 돌아오는 어선들의 고동 소리가 섞인다
느티나무의 축축한 그늘, 그 속에서만 머무르던
두려운 파편들이 고개를 숙이고 있다
강변의 정령들이 물 위의 안개를 어루만지며
애원의 노랫소리를 끝낸다

찰나를 검문해 보지만 그들은 분노도, 고통도,
종말도 없이 자그마한 사체 하나 남겨 놓았다
살아온 항적을 구겨 넣은 날개였다
바닥은 너무 강한 봉인 때문에 여태까지
어떤 내용도 볼 수 없었다 추측만 할 뿐

달리기

추리닝을 사고 달리기를 시작했다
다리를 지나는 화물열차가 눈을 이고 있다
대륙을 관통하고도 눈 부릴 곳을 찾아가는 검은 열차
평행하게 난 도로에는
자신을 알리는 간판들이 즐비하다
흐르는 거리에 오래도록 매달려 있는 느낌표들
가쁜 숨이 창밖에 내어놓은 화초들에 잡힌다
골목길 맞은편에서 오는 어린애가 어릴 적
친구처럼 손을 들어 보인다
한 무리 웃음들이 휙 지나간다
떠나온 곳을 그리워하지도 않는 화단 같은……
갓 내린 커피 냄새도 지나간다
나무 한 그루에 입맛이 열리는 기적
햇볕과 자전거 안전 벨 소리가 번갈아 지나간다
가슴이 시원해지는 어떤 새의 울음 같다
초등학교 후문 담벼락을 지난다
소사 아저씨의 작업장 같은 창고를 지난다
철 지난 중고 옷 파는 가게를 지난다

구부러진 길을 휘어 세월이 내려오고
더할 수 없는 이야기가 내려오고
구석진 자리에 쓸쓸하던 담배 냄새가 내려온다
달리기는 고여 있던 어떤 노래를 듣는 시간
고여 있던 고랑 물의 고삐를 푸는 시간
입 밖으로 낼 말을 감추는 시간

당진

기차와 버스가 똑같이 가고 있다
잘하면 창문을 열고 서로 인사라도 나눌 수 있겠다
기차가 같이 가는 걸 인지했는지 기적을 울린다
버스 운전사도 클랙슨을 눌러 존재를 알린다
서로 나누어 탄 애인들은 없겠지만
헤어질 때까지만이라도
창문에 보이는 남녀는
애틋한 애인 사이가 되려 한다

그들 중 한 명은 기차 시간에 늦었고
한 명은 버스를 빨리 탔다
한 명은 애인이 있고 한 명은 없어서
둘은 서로를 본다
그들은 서로 가르쳐주지 않았고 배우지 않았다
그것은 지금 일어나고는 있지만
누구 하나 얼굴을 돌리거나 속도를 늦추면
아무것도 아닌 것이다

그들은 질문하고 대화하지는 않지만
상대가 보는 풍경에 들어가 자신을 묘사하고 있다
그 평범한 광경이 상대에게는 무엇이며
자신에게는 무엇이라고 말하고 있다

둘은 10분 동안 마주 보고 있지는 않았지만
다음 역에 내릴 것을 속으로 맹세한다

나는 우연을 탕진하고 있다

야자수 나무 아래
— 라울 뒤피의 바다 작품들을 보고

낭만에 절여진 기타는
듣는 귀마다 바다를 넣었고
은하수 저 너머 가는 길을 만들었다

해변에 바위를 끌어다 놓고
뚜벅뚜벅 야자수 같은 그림자가 돌아왔다
파도가 떠다니다 파편으로 죽었다

그림자는 무언극의 주인공이었고
언제나 바쁜 야자수를 따라 드러누웠다
육중한 편액 같은 나무 아래는
야자수가 떠나도 남아 있을 것 같았다

물속에서는 출렁거렸고 뭍에서는
산발한 거인이었다
건조한 호주머니 속에 파도를 따라다니던
축축한 손바닥이 있었다

어제 도착한 트렁크 속에
나무 밑으로 가는 수영복이 있었다
야자수 나무들은 기린처럼
목을 기대고 서 있었다

약속했던 저녁이 긴 노을을 팔고 있었다
그림자는 그때의 각도로 기울어져
해변에 누웠다
익명이라는 잔물결이
가슴을 어루만져 줄지도 몰랐다

적막

나는 오래된 말들을 생각하며
그것을 다 발음하지 못하고
고개를 떨구던 사람들을 떠올렸다

남아 있는 억새가 천천히 흔들리고
긴 강을 건너가는 기차 소리가
끝날 거 같지 않았다

소반에 있는 말간 국이 아직 식지 않았고
때를 못 맞춘 허기들만
주위를 맴돌았다

내 앞을 지나가던 박명이 다가와
내 얼굴을 들여다보았다

떠나고 없던 궁리가 한 무릇 피어 있었다

다시는 들을 수 없는 풍문이

골목을 따라 퍼지면
상처가 도진 어느 창문이 말하는
나의 병력

이곳은 나인 채로 들키고 마는 누각
이곳은 더하지도 빼지도 못하여 맞선 적막

택호

사방 나무 그늘이 바람에 흔들립니다
가지들은 깊은 물을 건너온 물고기들처럼
잎사귀를 움츠립니다
달빛 아래 개미들의 성처럼
이리저리 연결된 명암은
조각칼로 파 놓은 판화의 원판 같습니다
밝은 곳은 택호라도 부여된 것처럼
가지들의 양쪽에 환한 방들을 엽니다
다람쥐나 새들은 어둠을 밟고 달빛을 만져봅니다
발밑에 교직되던 그늘은 몸 돌려가며 보던 거울이며
다른 손짓들에 화답하는 표식입니다
호젓한 오솔길이 열리고 바람이 웁니다
초록이 짙어오는 들판과 풀잎에 엎드려 있는
벌레들도 흔쾌히 뒤섞입니다
위풍당당한 전설이 느티나무의 허리를
휘감고 어르는 동안
목질의 사월은 수액이 가만히 흐르고
매일 새벽이 열려 뚜벅뚜벅 걸어 나가는 발걸음들이 있고

너무 멀어 다시 돌아오지 못하는 폭포가 있고
새로 난 봉오리나 어린잎을 놓지 못하는 무던한 완력들이 있고
그리하여 밤 그늘 마실 가는 달빛의
소소 곡절에는 언제나 뒤늦은 귀가가 있습니다

낡은 소파가 있는 정물

몇 개의 전등 갓이 방안을 밝히면
정물들이 태어난다
낡은 소파에 그녀는 우두커니 앉아 있고
벽지의 사선들이 이제 서서히 내려온다
육중한 용설란의 외침이 침처럼 퍼져나간다
탁자 위, 도자기 접시의 과일들은 썩는 중이고
벽시계는 아직 모른다
위층에서 들리는 음악은 클래식이지만
너무 소란스럽다
쇠 가는 소리다
그녀는 정물을 걸어 나온다

액자 속의 그녀는 옆모습이다
화병 속 한 묶음 억새처럼 말라서
시선은 느린 공기 속을 떠다니고 있다
이따금 말하려다 놓친 제스처들이
흑백사진 속에 쌓이고 그곳이 편한 듯
그녀는 나오질 않는다

사진과 같이 마주 보는 어떤 사람은 없다
방안의 모든 것은 그녀 것이고
그녀는 남의 것이었다
화초에 물을 주고 잎을 닦는 정물이었다
햇빛이 낯선

오래된 말

나는 눈감고 오래된 말들을 생각해
언젠가는 저들이 무서운 가죽 채찍을 들고
내 등짝을 후려치며 호령하러 올 것을 생각해

또 추운 새벽으로 내몰리며
맨발의 냉기도 모른 채
어두운 숲으로 끌려다닐 것을 생각해

휘어잡히는 느낌은 도달하는 방문지와는 또 달라
뭔가 정해주는 기분, 불길한 바람같이
판정이 떨어지고 마는 베이컨의 교황 그림 같은

생각이 조작하는 혀의 호들갑에는
끝내 장악하고 마는 악력의 자물쇠가 있어
아무리 져 내려도 줄지 않는 유효가 있어

어두운 숲에서 나를 기다리는 오래된 말들은
예전에 만들어 놓은 둥지처럼

익숙한 바람결에 살림을 풀지

공손한 신발처럼
같이 가야 하는 미열처럼
그어진 말처럼
어떤 말을 알아듣고 말을 외면하는 찰나는
내 모든 게 걸린 표적 같아서
한 번도 펴진 적 없는 새벽 같아서
나와 말이 만나 새끼를 치고 키워서는
어디 멀리로 떠나면
말 속에 누가 나와 구슬피 울기도 하며
가지 말라고 드러눕는 말들이
내 속에 과녁을 속속들이 맞히는 것 같아서

나는 눈감고 오래된 말들을 생각하며
끝도 없이 말이 깔린 골목을
처음 시작하는 것처럼 더듬어 가보는 거지

밤에는

기어이 후회할 것을 만들고 마는 밤이다
여름 같은 접속사가 우리를 매달아도
밤이 발골해 주는 절망에 끝없이 사무쳐도
줄거리에 짓밟힌 말귀들이
밤이 오는 창밖에서 더 잘 보이는 밤이다

돌아올 수 없어서 어디 기거할지를 묻는 이정표들
날리는 결과들이 선택한 밤이라
밤에는 그래도 되는 문 앞에 선 밤이라
그 어디에도 있는 피치 못할 이야기가
우리 가슴에 서늘하게 식재되는 밤이다

한숨과 접 붙어 있는 날들이기에
적당한 표정은 매일 쓰이고
불 꺼진 방 붙박이장이 들고 있는
낡은 거울은 근심을 만날 때마다
숨을 쉬지 못한다

달빛이 비추는 항목에는 꿈도 포함된다
밤마다 우리는 온갖 비명의 장소에 던져진다
그 어디 중 하나였던 가슴은
장소가 되지 못하고 무너진다
우리는 폐허가 일구어 놓은 거리에
항상 증인으로 선다

중얼거리는 어둠에 빈자리를 내주고는
지나가는 밤이다
우리는 곧 약분하듯 잠으로 빠진다
하얀 와이셔츠를 입고 지형에 충실한 우리가
떠도는 사실에 비틀대는 밤이다

윤회

들려주지 못해 혈안이 된 이야기들
아무도 가담하지 않는 시간과
맞장구 놀이를 하고 있다

밝은 대낮은 여전히 공터에 엎드려 있고
변명으로 이룩한 그늘에
저문 저녁을 묶어놓은 고삐가 있다

언젠가 지극으로 다가와 숨은 이야기를
풀잎에 매달던 따스한 온도들

이야기들이 주인을 찾아
조용히 속삭이고 있을 밤을 생각한다

집마다 빗장을 굳게 닫고
작은 소리들이 낳은 후생을
강보에 싸서 어르고 있을
눈동자들을 생각한다

떠나지 않는 공터에는 소문만 수북이 쌓이고
일기에 써야 했던 그 사람은
떠나고 없는 공터

지금은 모르는 사람이 되어
내가 버린 입을 달고
고삐를 풀고 있다

발표되지 않은 규칙

나를 따라다니던 어린나무들
달이라 내뱉고 뒤로 숨는다

돌아가지 못한 길들은 아직 비를 맞는다
나는 어둡고 굴곡진 일기를 걸어간다

동물들은 여전히 근처에 엎드려 있고
곧 개관하지도 않을 박물관에
전횡은 먼저 들어간다

날씨에 관여하는 소문들은
한 번도 상상한 적 없다
한 번도 바르게 말한 적 없다

지지부진한 그래프는
한 사람을 향해 떠났다
말하지 못한 생각들이
나를 겨누는 밤

잃어버렸던 안개가 돌아와
오래된 냄새를 풍겼다 제라늄 같은
아니 내가 버린 내 입 같은

들려주지 못해 혈안이 된 이야기들이
아무도 가담하지 않는 시간과
맞장구 놀이를 하고 있다

그때 초상

봄비는 교회 외벽을 타고 흘러내린다
가로수로 피어나던 서술들은
제 몸을 밖으로 내던진다
자전거를 따라 불빛들이 몰려다닌다
대다수 목표들이 포충망에 걸린
나방의 개수를 확인한다
단단한 벽은 이미 상식처럼 자리 잡고
편안한 장소는 말싸움을 했던 곳이다
계단은 알약을 떨어트리며 놀고
먼지는 지나온 날들을 숨긴다
얼굴을 잃어버린 모자는 상심으로 가득하고
물로 돌아가는 구령에는
가뭄부터 빌었던 어떤 특권이 들어 있다
그때의 물음들은 아직 답을 듣지 못했다
봄비는 밤낮으로 따분하여
뛰어내리거나 드러눕는다
창가에 등불이 놓이고
먼 곳에 종소리가 비 맞은 채 다가오면

서둘러 출렁거리는 말들이
봄비를 일으켜 초상을 빚고 있다

떠날 무렵

그믐이 번지고 세간이 살고 있는 방에도
서랍이 몇 개는 안 열린다
곧 떠나도 별스럽지 않을 벽지의 표정이
초점을 잃는다

돌아오지 않을 벽장에 문이 열리면
헌 옷들이 고개를 숙이고
나는 빛바랜 어깨를 숨긴다
마주치던 눈빛에 서로가 고여 있다

밤마다 바람을 길들이는 채찍들
내뱉은 말들이 눈처럼 내리고 쌓이지만
어둠은 피난민 같은 늙은 등을 누인다

흐릿한 불빛 아래 그림자들이
울음을 끌어안고 있다
오래 참은 입들이 지붕만 쳐다보고
수 놓았던 별들을 이제는 다 말아 가는 밤이다

제3부

얼굴

더 이상 삶을 믿지 않는 문장을 지난다

이미 돌이 되었거나, 열차 시간이 되었거나,
구부러진 못이 된 채 늙어가는
그들은 달력을 들춰가며 여기까지 왔다

나는 그들에게 말을 건 적이 없다
걷더라도 나는 물컵으로 물을 마셨다
마시더라도 나는 화단에 있는 영산홍을 봤다
보더라도 나는 마음을 뒤집지 못했다

불쾌한 얼굴들만이 불쾌한 바람을 맞았다
삶은 누덕누덕 발부터 얼굴로 올라갔다

그들은 내 역할 너머를 쳐다본다
그때는 내 역할을 구할 수 없었다

나 혼자 쓰러져 우는 나를 일으켰다

회상

수렁을 걷던 경험 들에게
어디론가 끝없이 이어지던 진흙탕 길
길은 원래 옆에 살아 천 리를 가고
다 가도 마음만은 첫발을 떼지 못하는……

생살이 찢긴다든지 머리가 깨져나가는 광경도
경험은 차분히 넘긴다

양몰이 개처럼 미래를 그린다
아무리 개체 수가 많아도
입술에는 다 들어가며
끝났다는 말을 듣고
귀는 과거로부터 마지막 빠져나온다

눈물은 경험을 운반하는 데 쓰인다
박물관의 모형 분수로 변신해 있는
감정이 제거된 눈물들은 눈물을 참으며
뿌려지고 흩어진다 언젠가는 돌아갈 것처럼

없어진 슬픔을 상상하며 눈물의 농도를 측정하며
울상의 얼굴에 슬쩍 기대보기도 한다
경험이 눈물에 올라타지도 못하고
내려오지도 못한다

모르는 강변

먼저 가고 먼저 말하는 것이
우월의 잣대가 되었어

흐르다 말다 하던 하천에
설익은 슬픔을 타고 놀던 회색 구름을 봤어
하류에 도착하려고 나무들이 줄을 서고
바람이 배를 떠밀었지

무문토기처럼 하늘은 민무늬로 가득했고
기슭은 들꽃들로 우월했어

물소리들이 들꽃을 앞세우고 집으로 돌아가지
누워서 종말을 이야기하지
끊어진 전설을 덧붙이며 하얀 백사장으로 말라가지

아무도 눈치채지 못하지만
어느 한구석에는 배운 적도 없는 역류가 흐르고
물이 물을 쓰다듬는 위무가 끝없이 일어나지

회색 구름은 수면에 자화상을 그리고
모래밭에 사인을 하지

주인공이 나타나는 밤은 어둡게 우월하고
허연 억새 군락은 있는지도 모르게 우월하지

모든 것은 사라지는 주문을 걸지
새싹들에게도 밤을 권하는 시간
잊혀가는 고목들도 흐트러짐 없이 걷고 있지만

떠나도 돌아오는 말처럼

어디로 가는 걸까
그늘로 모이는 그림자들
표정은 정성스레 합의를 만들고
생각에 둘러싸인 눈빛들이 서성거린다

창문 밖은 알아들었다고 말하지만
내가 종을 치며 한 말은
내 혀와 협상한 말이 아니다

아무것도 아니었다가 단번에 발탁된
침묵을 두르고 요구하던 말

하고 싶은 말들이 나와서 궁륭같이 덮고 있는
그림자를 걷어내고

나에게 달린 손잡이 같은 말은
반듯한 집과 똑바른 길을 말하지 않았다
그러나 누군가 말하고, 움직이고 단어와 함께

숨어버린 말, 나와 그림자 사이

말이 허락하던 몇 초간의 양심과
창문 밖은 또 다른 말이던 나무 벤치와
눈물을 이길 수 없는 거짓말 같은

말에 사로잡힌 얼굴은
아직도 땅을 밟고 그림자를 배설한다
떠나도 돌아오는 말처럼

목련

주철난로에 장작은 타고
나박김치에 맛은 돌아오는데
돈 꾸러 간 처를 기다리는 지아비처럼
굽은 등은 정직하네

기척이 있어 돌아보면
목련 봉오리들이 새까맣게
겨울을 밀고 들어와
걸어온 길을 지우고 있는

흐린 밤 별 앉는 자리 너머
손으로 더듬어 더듬어 미관말직
한자리 찾아가는 너의 영토

하얀 너의 발꿈치에 행려가 살아
주워 먹는 윤곽들이
꽃잎이 되고 날리는 것을
너는 축생처럼 말하지 않네

농담

모두들 잃어버린 저수지와
다락 속에서 빛나던 어떤 사진첩이 탄압되고 있다
개가 물어뜯은 견해들 위로
비 오고 낙엽들이 굴러다닌다
열린 창마다 어둑한 봄들이 들여다본다

삼천갑자를 돌아 봄밤이 왔다
우울한 숲의 흰 버즘나무들도
불타버린 고목이 쓰러지던 기억을 말하지 않는다
저급한 생태학에서도 빈 공터라는 말은 없으며
결론이 담기지 않은 씨앗들은 없다
눈물이 벗어놓은 한숨처럼

몇 가지 주장들과 깊은 수로의 밑바닥은 유사하다
방향을 정할 필요도, 큰소리를 낼 필요도 없다
일목요연한 빨래가 마르고 그들을 웃겨
새벽을 인도할 필요는 더더욱 없다
떨고 있는 농담과 사라진 당신이 만져보던 봄밤

바리움* 2

습기를 잔뜩 머금은 하늘이
죽은 배롱나무에 걸려 있다
누가 망령을 주문했는지 이리저리 날아다니고
초승달이 가끔씩 눈을 흘기며 지나가면
두려움은 저마다 커져서
손잡이를 돌리는 시간이 빠르다

기묘한 이야기는 춤추고
말라빠진 전설들이 흥을 더한다
낡은 책상에 누워 있는 과거
밤의 그림자마다 불행을 재배하는
악령들이 있다

노역에서 풀린 주인이 절룩이며 돌아오면
없던 먼 산들도 사력을 다해 비를 맞고
거기 한구석에 울음 참는 여인이 있다

인류 발달사에 나오는 표지처럼

구부정한 현세가 되지 못한 유인원
그녀는 잃어버린 동굴을 찾았다
거기 누워 있는 현재가 있었다

---
*신경안정제의 일종.

능청

고속도로 담쟁이 넝쿨이 습관대로
벽화를 그리고 있다
가슴에 낡은 붓 하나 품고 허공을 산다
모년 모월은 붓끝을 따라 춤추고
차량 속 눈동자들이 나비처럼 파닥인다

어디론가 기어가지만 누가 보면 멈춘다
기어갔다 되돌아오는 건지도 모른다
그것이 허공에 발을 묶고
바람에 몸을 맡기는 약진인지도 모른다
그것이 구르는 눈동자 속에 목소리가 되고
핏줄처럼 묵색 창윤하는 집 한 채

기억이라도 하는 듯 집 속에는 새가 울고
둥글고 큰 항아리와 가벼운 발걸음이 있다
사용이라도 해본 듯
익숙하게 고요가 앉아 있다

떠나고 없으리라 짐작한
시간마저 다독이며 잡아놓고
쫓기듯 걸어버렸던 지난날의 길들이
봄밤처럼 다시 환해지는 창밖
화폭은 어둡고 친절하게 아무것도 모르고

물론들 5

물론들은 강에 이르러서야 입수한다
비로소 상식에 적용되지 않는 수면이다
물은 스스로를 가로막고 절망의 눈빛을 숨긴다
강은 온갖 당위와 가정법이 빚어놓은 여울목이다
저 혼자 깊어 저음을 내는 범벅
부지런히 흐르면서도 가지 않는 눈빛
물론들이 사용하다 버린 강은
촛농처럼 길게 흐르다 모습을 감춘다
기억의 장소마다 남아 있는
그들의 얄팍한 조건만이 폐선의 녹처럼
몰락하고 마는 부유음을 내고 있다
그것이 고통이 아니라고 해도
상관할 수 없는 명명은 아니며
이유를 들어야 하는 귀를 가짐으로
확인하고야 마는 잔물결이 있다
물의 지식은 투명하여 조약돌을 밟지 않는다
강은 과거와 미래 두 갈래로 흐르고
물론들은 수면을 벗어난다

조등

어제는 어떤 남루가 다가오길래
눈동자를 들여다보게 되었는데

조등(弔燈)이라고 했다

받아주는 낱말 하나 없는
바람 속이라 하기도 했다

한순간을 걸치고 있었는데
한 아름의 생략도
삐죽삐죽 나와 보였다

까마득히 몰려가서는
날 선 입술에 베이고 마는
작정이라고 했다

한구석을 떠밀어 한자리를 겨우 디디는
생애라 하기도 했다

소식에 귀 기울이며

웃음들 위에 벚꽃이 핀다
불 꺼진 옥탑방에 가득한 점촉
떠밀려가는 어둠에게
화엄으로 치닫는 밝음에게
몸 바꾸는 일이 산통처럼 번지고

산책 나온 인파들은 사진을 찍는다
눈 내리는 마을의 주인공은 차치하고라도
꽃잎이 쏟아질 때마다
차가운 발설인 목덜미를 깨우면
그제사 셔터를 누른다

처녀지를 가는 것처럼 쌓인 꽃잎을 밟는다
습설보다 고양이나 개털에 가까운 바닥
행인 1, 2, 3, 4의 역할이 흘러다닌다
발성은 제 마음대로 목소리를 뿌리며
소식에 귀 기울이며

벚꽃 그늘 아래 얼굴들이 겹친다
출발하지도 않은 징후들이 꿈틀거리고
무언가 일어날 조짐에 울렁거리는 발자국들
연락 끊어진 지 오랜 꽃잎이
스치고 지나갈 한때를 나무마다 내건다

밤새도록 달려서

들판에 와서야
감정들이 돌아가는 모습을 본다
그들은 푸성귀를 지나 맨흙을 밟으며 돌아간다
한때 맹세하고 무릎 꿇던 그때들이
먼 산의 능선을 걷는 눈빛들로 사라진다
죽은 풀들이 바람에 시달리고
새싹들과 버젓이 흔들린다
수로를 따라 기억의 끄나풀을 찾아가면
물 대는 마른 밭처럼
서서히 젖고 있던 눈물
그들은 간신히 여기까지 와
언덕에 기대 혼잣말을 부린다

저 풀잎 위에 얹힌 책임감에게
희뿌옇게라도 개념을 이어가는
안개들의 집요함에게

휘어진 고랑들은 눈 속에 있다

많은 변명을 늘어놓던 그때도
누가 해주는 바른말처럼 곧기만 했는데
감정들이 고춧대처럼 서 있다
비 맞으며 어제를 외면하고 있다
말하지도 않는 무관심한 들판
밤새도록 달려서 결국 지나치고 마는 들판

루체른광장

입술 뒤에서 훔쳐봤다
간구하지도 않았는데 오늘이 그날이라고?
아 이것은 누구의 전조인지?
스타트 건은 정시에 울렸는데

어느 외진 모퉁이 폐가에 내려앉은 지붕
그 사이를 뚫고 들어와 또렷한 의자를 보여주는 햇볕
여기서부터 시작할 필요는 없다
그래도 의자에 앉는 먼지들

빠진 것이 없나 전력을 다해 소원을 수색한다
통조림 같은 순간들이 쏟아진다

유리창 너머 아직 상대를 이해하지 못한 사람들과
웃을 줄 모르거나 갑자기 움직일 줄 모르는 사람이 있다
루체른광장에 내리는 비와 빠른 발걸음
커피는 식고
여행은 지나가는 사람들 것이 된다

제4부

보편

시든 꽃다발이 누워서 이야기한다
다 자란 미움은 어떤 모습일까
이것들은 누구였는지 설명할 수 없다
단지 정상적인 상상과 혁대가 늘어났다는 것
약병이 더해지고, 동생들이 더해지고,
긴 복도가 더해지고, 한쪽 구석으로 밀려난 구석이 더해지고

가로등이나 외진 풍경들이
메마른 기침과 산만함을 자주 사용하는 것에 대하여
며칠째 사용하지 않는 길에 대하여
어둑한 처마 밑에서 어울리는 몸짓에 대하여
잘 아는 것처럼 이야기한다

복종할 데를 잃어버린다
의미가 없어도 오간다
우산 위에만 비가 왔다
문명을 깨고 나오는 문명이 도래한다
보편이 조용해서 다녀갔는지도 몰랐다

한순간

너를 수집해
내 안의 물새 소리 번성한 너를 수집해
한때 너는 날아가고 나는 새벽 사원에 앉아 있었지
불꽃들이 씨앗을 얻으러 오고
키 큰 나무들 아직 어둠에 얼굴을 묻고 있을 때
너는 발걸음 한 짐 지고
여명을 서둘러 몰아 오고 있었지

한 질서가 강물처럼 흐르고
너는 노류장화처럼 살아
늙은 육신은 진물 가득한 자취로
차가운 방바닥에 들러붙어 있었지
새파란 하늘을 이고 있는 어두컴컴한 골목길
너와 마주친 사실을 어떻게 아무 일 아닌 듯
희미한 기억 속에 포개든지 잊든지 할 수 있을까

너는 걸어가지만 나는 순간이라 말하지
누구를 기다린 듯하여

어떤 꽃을 피우고, 어떤 죽음이 오네
그 사물에 순교한 어떤 이름이 아직 떠나지 못했네
좀 전에 목례한 사람의 손수건에
너는 오랫동안 스며들어 서서히 죽어가지
너를 둘러싼 헛된 문장들을 걷어내며

그렇게 비우면서 채우는 영원을
너는 한순간이라 말하네
차르르 내 마음의 문지방들이 다시 가동되고
너는 흔적도 없이 빠져나가네

에티튜드

저를 앉혀 놀던 빈 의자에 햇볕이 쏟아졌다
바나나는 썩어 바나나 그림자처럼 누웠다
벽난로를 켜고 불 속에 사는 손짓들을 본다
물방울 벽지는 아직 가면을 벗지 못해 안달이다
작은 찻잔들과 독수리 박제가 생일을 기억하고 있다
촛대에 초가 꽂힌다
종이 저를 때려 좌중을 휘어잡는다
나무 옷걸이에 인물들이 걸린다
유리 재떨이에 언어가 모여 있다
굳이 액자를 들여다볼 필요가 없다
약점과 단점이 반반이기 때문
빵을 먹거나 바느질을 하는 시간들
꽃무늬 커튼은 묶여 지금 밖을 읽지 않는다
종이와 펜은 멍한 시선으로 쉬고 있다
격자창 옆에 스텐드가 있고, 그 옆에 화병이 있고,
그 옆에 언제나 도주로가 있다
앵무새 새장이, 굵은 만년필이, 밀어 놓았던
해변의 백사장이 너무 강조되고 있다

밀짚으로 된 휴지통에 이마의 주름살이 흘러 다닌다
내 구두 한쪽을 여객선이 싣고 떠났다
내 방을 따라오던 것들이 곧 눈으로 바뀌었다

잔지바르의 별

 잔지바르에서 출발하는 급행열차는 파묵칼레를 지나 말도 안 되게 블라디보스토크까지 간다 까만 피부에 터번을 두른 한 무리 여행객들이 통로를 걸어 들어온다 술탄이 마셨다는 검고 뜨거운 커피 이브릭 냄새가 진동하는 객차 내부는 하얀 눈동자만 분주할 뿐 정적에 휩싸여 있다 안개를 뚫고 조각배를 몰아 이제 가지 않아도 되는 일터를 더듬는다 안식을 찾으려고 머나먼 타국의 눈 내리는 저녁을 고향 삼아 가는 이들

 조상들은 뜨거운 태양과 성난 물길들 사이로 노예선을 저었고 코란을 읽고 황금 모스크를 사랑했다 지금 비어 있는 어떤 지하실은 새까만 노예들도 없고 두 손 들어 아우성이던 해변의 이별 그 너머도 없다 눈물을 딛고 피던 꽃도 해변 모래톱에 숨어버린 그 많던 시간들도 더디게 끌려가던 늙은 전설처럼 지금 여기 묵묵하다 창살 너머 지던 석양이 우리에게 어떻게 말했는지 두꺼운 활엽수들은 어떻게 시들었는지 또한 해풍이 가져다 놓은 빛나는 아침은 두 손이 묶인 어린 노예의 등에 맺힌 땀방울을 봤을까 창문들은 감은 눈처럼 깊이 잠들고 노예선들은 항구를 돌아 나간다

뭉게구름은 제 크기만큼 커지고 슬픔은 맹그로브 숲이 생각하는 포부만큼이나 자라지 않는다 제자리로 돌아가 버린 수평선처럼 노와 어구들, 쇠고랑이 끌리는 소리, 시큼한 땀 냄새들은 갑작스레 슬픔이 제거된다 희미한 횃불 아래 집으로 가는 길이 열리고 우리가 모르는 노고는 이미 사용되었다 다시 썰물이 되어 발자국이나 지우며 한 세계를 펼치는 해안선 가벼운 휘파람으로 대양을 품는다 적막하고 순결하기도 한 계절풍이 해변에 간간이 연인들을 세우고 별을 뿌린다 익사했던 바다는 책임감이 둥둥 떠올라 같이 살아나왔고 스톤타운의 돌기둥들은 제 무게가 버겁다 아무 감정 없이 회계장부에 남아 있는 어떤 숫자들이 기관차의 시동을 건다

숲
— 피아니시모

그 계곡은 한 아름 소리를 품고 있습니다 목질에 얹힌 다람쥐의 눈빛이 잠시 나를 잡아당기고 갑니다 어린 햇빛들이 나뭇잎과 가지들을 뚫고 계곡물까지 내려와 허밍을 만듭니다 안개가 걷히고 새들이 산벚나무에 가득 앉습니다 오케스트라 주자들이라도 되는 모양입니다 튜닝을 하는지 왁자지껄합니다

바람 소리부터 시작하는 장엄을 들려주려 합니다 주자들이 정좌한 골짜기에 겨울이라는 톤암이 굴렁쇠를 굴리며 걸어갑니다 물들고, 맺고, 흘러가고, 떨어지고, 이런 낱말들이 시간의 지층을 지나 멜로디처럼 호명되어 나옵니다 사면의 압력과 반발, 나무들은 그래도 바로 서고 떨어지는 눈은 돌에게 리듬을 심습니다 서로의 소리와 몸짓은 깊이 침잠하는 향기와 같고 적막으로 얻어낸 기대들입니다

소리는 이제 어느 해 발광하던 태풍처럼 몸을 사려도 쇠북처럼 튕기던 몸처럼 퍼지던 것을 기억합니다 누구에게는 비명이고 죽어가는 외마디입니다 계곡을 흐르는 물소리일지도 모르고 캄캄한 구석에 쪼그리고 앉아 하염없이 흘려보내는

누구의 상념일지도 모릅니다 소리는 이제 자신의 얼굴을 잊어버립니다 텅 비어야 시원한 폐허입니다

　수만 개의 나뭇가지들을 지나 끝내 자기 자신으로 남는 멜로디처럼 솔잎이 마르는 소리와 스스로 가지에서 떨어지는 소리가 은둔하려 합니다 눈을 이고 선 북국에는 잔인한 날씨에 맞는 상상이 숲에 퍼집니다 주 멜로디는 수도 없이 얼었다 녹고 달빛에 늑대가 흥얼거리든지 회색빛 토끼들이 굴마다 퍼뜨리든지 오직 이 노래 하나만 완성되어 여기 머문답니다

　억새 군락의 높낮이에 묵묵함이 따라나섭니다 계곡 바닥을 훑고 지나가는 시간이 불안한 음절을 연주합니다 물속에 피라미들이 도돌이표를 따라 놉니다 하얀 새 몇 마리 주 리듬처럼 황망히 계곡을 관통합니다 허물만 있고 실체는 없는 뱀처럼 허공이 가만히 뒤따라 갑니다 멀리 검은 하늘을 가득 채우며 눈보라가 절정을 준비합니다

　깊은 가을밤이었는지 눈 내리는 새벽인지 굴참나무 도토리

도 다 떨어지고 밤이면 내려오던 멧돼지들도 뜸하고 바스락하는 소리조차 미안한 밤 바람 한 줄기 긴 악장 끝내고 멀리 멀리서 목청 가다듬어 다가와 소나무에 기대어 아리아를 부릅니다 다람쥐들이 듣고 숨어 있는 씨앗들이 듣고 얼음장 밑을 흐르는 물소리들이 듣고 갑니다 숲은 비탄을 감추지 못하고 온 겨울 눈에 무너집니다

그녀 밖에서 한창인 그녀

 밤이 다한 줄도 모르고 그녀는 자화상을 그려 침대에 눕힌다 야릇한 꿈 하나 달려들어 잠옷으로 그녀를 갈아입힌다 머리맡에는 꿈 한 다발과 알람도 안 되는 낡은 시계가 있다 언제나 매달려 힘든 커튼이 새벽을 가까스로 연다 그녀는 지금 달아나는 중이다 벚꽃 여행을 갔던 나무 밑에 그녀는 없다 불 꺼진 카페에 앉아 그녀가 들어오는 모습을 보는 그녀 널브러져 있는 팔레트에 질문을 던진다 과거가 정확하게 채색을 담당한다 얼굴이 너무 길어 초상화는 빗줄기 같다 물소리를 끼고 잠은 이어진다 열심히 떠나가는 그녀 머리를 감고 빗질을 하며 젖내나는 뒤꿈치를 지운다 작은 메모지에 정박해 있는 보트 꿈이 타고 온 모르는 경로들 잘 알지도 못하며 호의를 베풀었던 방향에 내리는 비, 바다이라는 형틀에 뛰어내려도 된다면 절벽이 그녀를 알고 심하게 꽂아준다면 피가 터지도록 날리는 꽃잎의 통곡에 발맞출 텐데 그녀는 온갖 고백을 다한 듯 잠을 깬다

습관

나는 회색 달을 이고 걷는 여행자
교묘하게 제 무게를 속이며
오랫동안 내 머리를 짓누르던 달은
아직 아무것도 아닌 듯 내 머리 위에서 빛난다
여름이 제 옷을 정리하기 전에
달이 스스로 파먹어버린 영토를 어루만지며
발걸음을 재촉하기 전에
귓속에 강물이 한사코 흘러
푸른 돛단배에 실린 전설들이 울렁거리고
배 밑바닥에 뚫린 구멍으로 가라앉을
확률이 물처럼 확산되기 전에
나는 달을 잃어버린다

멀리서 보이던 나의 문패가
망치질 당해 살아 있는 못에게 잡혀 있다
햇빛은 이 전말을 알아채지 못하며
매일 비스듬한 그림자로 지나치고 있다
나의 회색 달은 끊임없이 몸을 불린다

소원을 먹고 달빛 아래 빛나던 들판도 먹고
조약돌도, 가식 없이 커버린 가로수들도
빈집이라 짐작이 가는 고독한 집들도,
행복이란 말을 하기 전에 지나야 되는 고통들도,
비밀을 말하지 않는 수없이 걷는 여행자들도
나의 회색 달은 갈수록 더 크고 환해져서
밤이 깊을수록 내 발걸음은 더디다
잠시 앉아 쉴 때면 먼저 가노라고
등 뒤에서 좋은 이웃인 양 웃고 있다
나는 언제나 혼자라고 현혹당하고 있다

지독한 운명

거리의 악사들이 음악을 연주한다
나뭇잎 위의 오래된 침묵들이
바스락거리며 떨어진다
배신자의 등처럼 생긴 개미들이
그 앙상한 평수로 음정을 나르고 있다
나뭇가지들은 나른한 밤을 깨워 하늘을 넓힌다

악사들은 잊고 있던 어떤 저음부를 건드린다
그것은 불타오르지 않는 검은 난로와
육지에 버려진 폐선을 묵묵히 통과하는지도 모른다
바구니에 담긴 딸기송이와 피오르 가득한
빙하를 미는 소리가 빈 골목에 잡혔다 돌아 나오는
저음처럼 생기가 없다

푸석푸석 말라버린 소리의 끝에
새도 날지 않고 물도 조용한 풍경이 찾아오면
초지에서 돌아오는 소 떼들이 잔뜩 불은 젖통으로
뒤뚱거리는 저녁을 주룩주룩 짜고

아무도 틀리지 않는 허밍이 거리를 떠돌고
제각기 튜닝이 되도록 다른 행동으로 퇴근하고
거울을 보며 똑같이 웃는다

정확하고 헌신적인 몇 개의 시계 아니면
오늘은 기억도 안 되고 혹독하게 다루지 않던
음정들도 장례식에서는 정식 절차를 밟는다
한 저음은 무명으로 떠돌다 뿌리내려 자라고
열매 맺어 저 닮은 영혼이 하나둘 깃들어 있는
작은 종 아니면 지독한 운명이 된다

여기 남기 싫어서

 깊은 밤을 따라다니던 바람들이 공원에 있다 풀들이 무성하게 자라 사람들 눈을 피해 몰려다닌다 나는 실성한 사람처럼 두 팔을 늘어뜨릴 순 없다 잠 모자라는 사람이 부어놓은 맥주처럼 쏘지 않는 취향일 순 없다 수도꼭지의 빌빌대는 물줄기와 반쯤 떨어진 텍스타일이 오늘의 고명처럼 놓인다 누가 빼놓고 간 취기 속 허연 국수 가락이 기생충 같다 그래도 어떤 웃음은 억지로 서럽고 꽃을 보고 있던 아침은 쓰레기 속 하품을 외면한다

 기억하지 못하는 말들이 주위에 떠돈다 나를 옮기는 잡음들이 분주하다 내가 달린 트랙에 과거가 널브러져 있다 잡풀들이 악착같이 침범하고 과거가 호명되기를 기대하며 원형을 보존하고 있다 사람들과 떨어져 멀리만 도는 말들이 제 보폭을 유지한 채 쉬지 않고 돌고 있다 지우지 못하는 주위가 휙 지나간다 나와 보폭을 맞추던 사람이 금세 옛날이 되고, 먼지 낀 창문이 되고 미끄러지던 빗물이 된다 나는 여기 남기 싫어서 트랙이 끌고 가는 사람들 틈에 아침마다 낀다

조급조급

 쾅 하고 내려치면 와우 하고 반응이 온다
 파열음은 머릿속에서 먼저 퍼지고 손목이나 배까지 내려왔다가 뭔가 뒤따라오지 않는 기별에 눈을 동그랗게 뜬다 과거는 항상 슬픈 지붕 같고 고통이 가는 마지막 길 같아서, 한때 나를 지나가고 건드리기도 했을 꽃피던 날들이거나, 온천지 폭풍우를 안고 겨울을 견디던 계절들이 아직도 과거를 배우고 있다 찬란했다거나, 가지 않는 먹장구름을 뜯어 발길 내일이 벌써 출발했는데도 결과는 관심 없는 뒷바퀴들의 못 뜨거운 외면들을 모아 입속을 굴리고 등불이 밤을 새워 어둠과 싸우고 전설의 공식들이 바람의 고삐를 잡고 어디까지 몰려갈 때

 쾅 하고 내려치면 구궁 하고 우는 버려진 소파
 아버지의 젊음이 차지하고 앉아 모르는 최후를 지휘하던 그때 절차 같은 건 없다고 다 살아본 재단 위의 어떤 동상처럼 뛰어내리지 않고 웃지도 않고 말라가는 어떤 동상처럼 지리멸렬하던 그때는 소파에 현실이 고스란히 앉아 있었다

해변의 트럼펫

앞에 보이는 저 나무는 오래전에 죽었다
독수리들이 나뭇가지에 자복이 앉아 고개를 숙이고 있다
우발적인 바다는 조용하다
죽음과 닮은 것과 조용한 것은 동의어가 아니다
저 나무는 마침내 뿌리에게 죽음을 알린다
구불구불 물무늬들이 상징으로 가는 길을 만든다
오후의 해는 다시 움직이고
죽음에 오불관언이던 해안선이
조용히 남아 있을 수 없게 된다

슬픔이 차지하는 해변 기차
기차는 언제나 천진난만하다
창마다 블루스가 흘러나오고
주름살을 옴팍 뒤집어쓴 할매들이
지렁이 같은 주름살을 떼어내고 있다
기적을 옹호하는 역무원이 기적을 울린다
시력검사표를 보며 누가 바이올린을 켠다
초침에 찔린 얼굴들을 우리라고

슬쩍 말하는 소리를 들었다

죽음이 열리는 나무
슬픔이 가득한 기차
내면은 필사적으로 개인이다

몬드리안

고속도로 상행, 추풍령 휴게소 막 지나 2킬로미터 지점,
첫 번째 과속카메라 바로 밑에
몬드리안의 일억 호짜리 작품이 전시되어 있다

수묵담채를 어디서 배우셨는지,
차들이 입경하러 그렇게 지나가는데도
배경에 주체 못하는 속도도 깔고
짙어가는 산 가을 황홀도 흘리셔서
아는 사람은 안다고
어떻게 그리 아우라를 잡아매 놓으셨는지
참 경이롭다

펼친 작품의 시작은 부산이고
끝맺음은 서울인데 그 절정은 황간 카메라 밑이다
나는 관람 즉시
불어닥친 회돌이가 사라질까 봐
가까운 황간 휴게소에 들러 급하게 필사한다
전시 끝나고 언제 거두어 가실지

참 궁금하다

운전자들이 보는 잠깐의 인식에
가득가득 담겨오는 대작의 헤픈 기여
아는 사람은 보인다고
관람자의 수준까지 측정해 주시는 저 수수께끼
아 언제 뜯어내 훔쳐가야 할지
궁리가 막막하다
2023년 10월 20일 아직 전시 중이시다

저 멀리서

저 멀리서 시작해야 하는 몸짓이 있습니다
연료밸브를 열고 시동 고리를
힘차게 잡아당깁니다
와륵 와륵 당 당 당 당……
먹은 것을 다 토해낼 듯이 발전기가 돌아갑니다
전기용접은 모르던 사이를
영원히 손잡게 만드는 일
스파크를 튀기며 서로 우는 일
건너가고 건너와서
서로를 확인하고 어루만져 보는 일
비로소 양팔에 팽팽히 힘이 실리고
다른 이름으로 역할이 생기는 일
그만 지지라고 울부짖는 소리를
목련 송이들이 보듬어 주는 일
이 위대한 일을 맨눈으로는 못 보고
선글라스와 쉴드 마스크로 봅니다
저 멀리서 반나절 공수를 체크합니다

해설

재현 불가능한 세계의 풍경

오민석(문학평론가·단국대 명예교수)

1.

김영수의 시들은 폭발하는 별처럼 원심적이다. 안으로 접어들어 출구를 막고 존재를 특정한 범주에 가두려는 모든 구심적 노력은 김영수의 시에서 붕괴하고 중력을 잃는다. 김영수가 볼 때 세계를 규정하고 단순화하여 그것을 복제하거나 재현하려는 모든 노력은 죽은 별의 세계이다. 김영수는 죽은 별에 시적 핵융합을 일으켜 그것의 중력 위치 에너지를 발산시킨다. 죽은 별에서 열폭주가 일어나 별들이 폭파될 때 세계는 원심력으로 넘쳐나며 파편화된다. 김영수는 세계가 규정 가능하고 따라서 복제와 재현이 가능하다는 모든 거짓말을 믿지 않는다. 그는 시적 충격파를 일으켜 화석화된 세계를 해체하고 세계의 성분들을 원심력의 벡터 밖으로 날려 보낸다. 구심력을 잃고 원심력에 몸을 내준 세계가 무엇-되기의 과정 자체로 바뀔 때, 세계는 복제 불가능한 복합체, 재현 불가능한 변화체(changing-body)가 된다. 세계는 계속 흐르고 움직이므로 규정할 수 없고 단정 내릴 수 없다. 세계는 계속해서 복제와 재현의 감옥을 때려 부순다.

>닮지 않았다
>새는 새를 닮지 않았다
>가끔씩 붕괴하는 얼굴, 목소리들
>
>고맙게도 나는 새를, 강을 따라가는 새를,
>황혼에 몸을 적시며 자욱이 하나의 점으로
>돌아가는 작은 새를 닮았다
>아무도 찾아오지 않는 느티나무의 빈집처럼
>떠나가면 돌아오지 못한다는 새들을 닮았다
>
>어둠은 굼뜨고 아직 가시지 않는 해가
>숲속에서 어슬렁거리는 동안
>새들은 검은 내장까지 응답해야 하는
>붉은 저녁을 맞는다
>영원을 허락하는 것처럼

>   붉음이 줄아드는 나무에 순풍은 불고
>   새들은 가지를 옮겨가며 수다를 떤다
>
>   새의 주위를 가는 창공이 떠돌고
>   산과 들판이 우수수 일어선다
>   무슨 일이 일어나도록
>   새의 말을 받아 숨기는 풍경
>   언제나 복제할 수 없는 높이나 넓이로
>   커버린 풍경이다
>
>   ―「새가 있는 소묘」 부분

 새가 새를 닮지 않았다니 무슨 말인가. 새는 항상 다른 어떤 것으로 "붕괴하는 얼굴"을 가지고 있다. 그러므로 "새는 새를 닮지 않았다"는 모순어법은 모순을 가장하여 모순을 이긴다. 새는 늘 현재의 새가 아닌 다른 무엇-되기의 과정에 있다. 그것이 새의 존재-운동이다. 새만 그런 것이 아니므로 "나" 역시 "새를 닮았다"는 문장은 운동하며 변화하는 존재의 보편성에 대한 비모순적 진술이다. 새들이 움직일 때 새들은 원래의 그 자리로 다시 "돌아오지 못한다". 그것이 존재의 본질이다. "새의 주위를 가는 창공이 떠돌고"라는 표현도 재미있다. 창공이 놋쇠처럼 무겁고 두꺼운 억압이라면, 새는 "붕괴하는 얼굴"의 다른 어떤 것이 될 수 없다. 시인은 "가는 창공"이라는 매우

희귀한 표현을 통해 변화체로서 존재의 속성을 드러낸다. "산과 들판"도 고정된 실체가 아니다. 그것들은 "우수수 일어선다". 새가 변화되고, 그것을 따라 내가 붕괴하고, "가는 창공" 속으로 산과 들판이 우수수 일어날 때, 세계 전체는 "복제할 수 없는 높이나 넓이로/커버린 풍경"이 된다. 김영수는 이렇게 존재가 폭발하는 행성처럼 변화하는 과정을 포착한다. 시인이 항상 무엇-되기의 과정에 있는 움직임을 '움직이며' 잡아내므로 그 무엇엔 고정된 실체가 없다. 만일 김영수의 시를 난해하거나 가독성이 떨어진다고 판단하는 독자가 있다면, 그것은 바로 그의 시의 이런 특징 때문이다. 난해하지 않고 가독성이 좋은 시들은 움직이는 세계를 부동(不動)의 세계로 압축하고 규정해서 전해준다. 모든 변화와 붕괴와 폭발의 가능성을 폐쇄한 복제와 재현의 세계가 '가독성이 좋은' 세계로 유통된다. 그런 가짜 세계는 존재하지도 않거니와 복잡한 사유를 싫어하는 영혼을 단순성의 마취제로 위로한다. 마취된 정신은 잠깐의 위로에서 벗어나는 순간, 다시 붕괴하는 세계, 불가해한 세계와 마주친다. 가짜 단순성은 구원이 아니다. 문학은 세계의 복잡성과 비결정성을 견디는 언어이다. 문학은 '손쉬운 해결'이라는 가짜 프로파간다(propaganda)와 싸운다.

　　세상은 예언에 맞서 점점 더 희박한 확률을 유지한다
　　언제나 입이 벌어지고 다리가 후들거릴 정도의 결과로

예언을 이긴다

남에게 아무것도 아니라고 말할 정도의 객기와

강심장도 이상하게 심어준다

예언하지 않은 곳에서

새가 우는 아침을 맞을 거라는 예언은 폐기된다

그러나 어린아이들의 팔다리에

그들의 뒤에서 닫히는 문소리에

그들의 고요한 잠버릇에 예언은 살아 있다

붉은 비상벨들이 침착해졌다

한마디 덧붙여도 좋을 불쾌한 소문들에게

아래위로 접점이 되는 손쉬운 스위치들에게

예언은 고개를 치켜든다

…(중략)…

예언을 확인하는 인간의 등에 홍수에 떠내려가는

표정을 새기기도 한다 떠나지 않는 예언은

—「예언」 부분

일차적으로 볼 때, "예언"은 세계를 규정하고 단순화하는 결정-담론이다. 예언은 미래를 놋쇠 하늘 아래 둔다. 예언은 세계를 사전-결정의 운명에 가두는 언어이다. 그러나 세계는 예언의 명령을 거부한다. 그것은 "예언에 맞서 점점 더 희박한 확률을 유지"하며 엇나간다. 예언이 구조의 언어라면 세계는 탈구조의 언어이며, 예언이 결정성의 담론이라면 세계는 비결정성의 담론이다. 세상은 "언제나 입이 벌어지고 다리가 후들거릴 정도의 결과로/예언을 이긴다". 그러나 시인은 예언조차도 폐기와 생성, 반복과 차이의 과정에 있다는 사실에 주목한다. 예언이 폐기된 곳에서 새로운 예언이 생성된다. 두 번째 연은 끊임없는 과정으로서 예언의 속성에 주목한다. 예언은 같은 것의 반복이 아니라 차이의 무한 반복이므로 사라지지 않는다. 예언은 적중하지 않았을 때마다 새로운 예언으로 재생성된다. 그러므로 예언조차도 사실은 구조의 언어가 아니라 탈구조의 언어이며 비결정성의 언어이다. 예언은 매 순간 주어지는 그 모든 "손쉬운 스위치들"을 거부한다. 간단한 원리로 "예언을 확인하는 인간의 등"에 예언은 말세의 표정을 선사한다. 예언은 세계를 끝없이 다시 해석하는 차이와 반복의 주술이다. 마지막 행의 "떠나지 않는 예언"이라는 대목은 예언의 이런 속성에 주목하는 이 시집의 제목이기도 하다.

2.

김영수는 폭발하는 세계의 원심성(공간성)뿐만 아니라 그 팽창하는 세계의 시간성에도 주목한다. 이 시집엔 시간성에 대한 사유의 무수한 편린들이 산재해 있다. 하이데거의 말마따나 "존재는 언제나 시간에 대한 관점으로부터만 파악"(『존재와 시간』)되므로 이는 당연한 현상일 수 있다. 문제는 시간에 대한 김영수의 독특한 사유이다. 그의 시간은 절대적 시간으로서의 크로노스(Kronos)도 아니고 주관적 기회로서의 카이로스(Kairos)도 아니다. 그의 시간엔 물리적 시간과 사변적 시간이 겹쳐 있다. 상대성 이론에 따르면 시간과 공간은 서로 연관되어 있으며 중력 역시 시간과 공간의 구조에 영향을 미친다. 빠르게 움직이는 세계에서의 시간은 상대적으로 느리게 흐른다. 초신성처럼 폭발하는 세계에서는 물질만이 아니라 시간도 팽창 혹은 지연(time dilation)된다. 빛의 속도로 우주여행을 하고 돌아온 쌍둥이가 지구에 남은 쌍둥이보다 나이가 덜 먹어 보인다는 '쌍둥이 패러독스(twin paradox)'는 시간을 공간과 연계시킬 때만 상상이 가능한 개념이다. 김영수에겐 세계가 압축과 복제의 공간이 아니라 그 자체 '흐름(flux)'이므로 그에게 있어선 시간도 또한 물리적으로 고정된 실체가 아니다. 그의 시간은 끊임없이 움직인다. 그의 시간은 그의 공간처럼 팽창하고 지연된다.

　　너의 얼굴에 네가 살았던 빈집이 있다

수수 자루처럼 윗목에서 바스락거리는 기척이 있다
또 은나라 절골 옆에 살던 아주 오래된 웃음이
너의 눈 밑에 스며 있다

그때 울리던 비파 소리가 방 가득 퍼지면
동경에 비치인 노을이 대숲을 뚫고 들어가
눌변같이 떨어진 댓잎을 일으켜 바람길을 연다

참 오래도 가야 되는 후생에서 온 파발이
웃음 한 조각 고이 받아 들고 길을 나선다

콧김 숭숭 내뿜으며 산천을 뛰어넘고, 족보를 넘고,
  그보다 더 질긴 슬픔도 휘감으며 내 눈빛 앞에 처연히 풀
어 보인다

황금빛 모래가 한 움큼 다 빠져나가고
칠흑 같던 머릿결이 누란을 건너오는 동안
옴팍 하얗게 덮어쓰는 세월을 살아

너는 떠나고 너의 파발도 바리바리 등짐을 싸
독수리 산을 넘어 서광이 비치는 어느 후생으로
네 것을 보낸다

> 네가 인생의 어느 구비에서 웃음을 보냈듯이
> 너의 웃음을 보기 위해 나도 떠난다
> 우리는 다시 만날 것이다
> 서로 몰랐던 사람들처럼
>
> —「동경(銅鏡)」전문

김영수의 시간은 과거-현재-미래로 분절되어 있지 않다. 그의 시간은 선적(linear) 단계를 따르지 않는다. 그의 시간엔 순서가 아니라 움직임만이 있을 뿐이다. 그의 시간은 마치 원자핵의 주위를 도는 전자들처럼 존재의 주위를 돌며 서로 교차한다. 과거와 현재, 현재와 미래가 교차할 때 순서의 개념은 중요하지 않다. 순서와 무관하게 그것들은 존재의 주위를 돌며 시간의 진폭과 파장을 만들 뿐이다. 화자가 과거의 얼굴을 깊이 들여다볼 때 "참 오래도 가야 되는 후생"에서 "파발"이 온다. 하이데거에게 있어서 "현존재의 과거가 현존재의 뒤에 따라다니는 것이 아니라 언제나 현존재에 선행"(『존재와 시간』)하는 것처럼, 김영수에게 과거는 후생의 파발(현재)에 선행한다. 그에게 과거는 현재를 소환하는 시간이며 소환된 시간에 자신을 다시 내보내는 시간이다. 존재는 이처럼 과거와 현재, 그리고 미래가 파장처럼 서로 만나는 공간이다. 존재-공간과 그 위에 떠도는 시간-파장이 세계를 구성한다. 그의 시간들은 "서로 몰랐던 사람들처럼", "나"와 "너"처럼, 서로 무언가를 보내고 "보기 위해" "떠난다". 이 끝없는 재회("우리는 다시 만날 것이다")가 시간을 지연시키고, 팽창시키며, 움직이는 물질로 만든다. 김영수에게 시간은 기계론적 단계가 아니라 움직이는 파장이다. 그것은 존재의 주위를 돌며 존재의 의미를 두껍게 만든다. 그에게 시간은 끊임없이 움직이고 지연되고 팽창하므로 복제나 재현이 불가능한 대상이다. 그에게 시간은 서로 마주치며 무엇-되기의 끝없는 과정에 있다. 위 작품은 시간의 다양한 궤도들이 서로 움직이며 마주치고 무엇인가가 되어가면서 나누는 대화의 기록이다.

> 기억하지 못하는 말들이 주위에 떠돈다 나를 옮기는 잡음들이 분주하다 내가 달린 트랙에 과거가 널브러져 있다 잡풀들이 악착같이 침범하고 과거가 호명되기를 기대하며 원형을 보존하고 있다 사람들과 떨어져 멀리만 도는 말들이 제 보폭을 유지한 채 쉬지 않고 돌고 있다 지우지 못하는 주위가 휙 지나간다 나와 보폭을 맞추던 사람이 금세 옛날이 되고, 먼지 낀 창문이 되고 미끄러지던 빗물이 된다 나는 여기 남기 싫어서 트랙이 끌고 가는 사람들 틈에 아침마다 낀다
> ―「여기 남기 싫어서」 부분

이 시에서도 시인은 존재의 주위를 도는 시간의 다양한 궤도를 그리고 있다. "기억하지 못하는 말"은 과거의 말이며 존재는 그것들과 더불어 움직인다. 존재에겐 각자의 시간이 있고 존재 바깥의 시간이 있다. "사람들과 떨어져 멀리만 도는 말들"은 개체들의 시간 너머에 있는 시간, 보편적이고 추상적인 시간-언어이다. 그런 시간-언어는 개별 존재들의 움직임 속에서 구체화한다. 사람들은 각자 서로 다른 시간의 궤도를 돈다. 나에게 현재가 어떤 사람에겐 과거가 된다("나와 보폭을 맞추던 사람이 금세 옛날이 되고"). 시간은 움직이며 존재를 끊임없이 무엇-되기의 과정으로 내몬다. 시간의 흐름에 따라 존재는 "먼지 낀 창문"이 되기도 하고 "빗물"이 되기도 한다. 중요한 것은 이 모든 것의 '움직이는' 상태이다. 시간과 공간과 존재는 단 한순간의 멈춤도 없이 움직인다. 그것들은 정지된 규범이 아니라 움직이는 생성이다. 그것들은 팽창하고 지연되며 탈중심화된다. 그것들은 모두 비결정적 움직임의 상태에 있다. 그러므로 쉽게 재현할 수 있도록 구조로 요약되는 현실이나 시간은 없다. 김영수의 시들은 이 난파하고 생성하는 시간과 공간과 존재의 파편들을 파편화된 상태로 제시한다. 이 상태야말로 현실 자체이므로 그 파편들은 굳이 연결을 필요로 하지 않는다. 독자들이 이 파편들을 억지로 연결해서 존재하지도 않는 구조를 만들려 할 때 그의 시에 난해하다는 라벨이 붙는다.

3.

헤라클레이토스(Heraclitus)의 말대로 모든 것은 흐른다. 우리는 같은 강물에 두 번 발을 담글 수 없다. 변하지 않는 유일한 것은 변화뿐이다. 세계는 끊임없는 흐름이므로 그 자체 존재(being)가 아니라 생성(becoming)이다. 그러나 이 모든 것을 판단하는 시점은 바로 '현재'이다. 현재는 시간의 모든 단면에 항상 존재하며 시간의 흐름에 따라 미래였다가 과거가 되고 다시 미래를 생성하며 끊임없이 현재로 되돌아온다. 그러므로 과거 아닌 현재가 없고 미래 아닌 현재도 없다. 현재는 시간의 불타오르는 파사드(facade)이다. 시간의 정면에 시간의 역사, 즉 시간의 시간들이 적혀 있다.

    삼천갑자를 돌아 봄밤이 왔다
    우울한 숲의 흰 버즘나무들도
    불타버린 고목이 쓰러지던 기억을 말하지 않는다
    저급한 생태학에서도 빈 공터라는 말은 없으며
    결론이 담기지 않은 씨앗들은 없다
    눈물이 벗어놓은 한숨처럼

    몇 가지 주장들과 깊은 수로의 밑바닥은 유사하다
    방향을 정할 필요도, 큰소리를 낼 필요도 없다

>일목요연한 빨래가 마르고 그들을 웃겨
>
>새벽을 인도할 필요는 더더욱 없다
>
>떨고 있는 농담과 사라진 당신이 만져보던 봄밤
>
>—「농담」 부분

"봄밤"은 생생하게 살아 있는 현재이다. 눈앞의 봄밤이 오기까지 "삼천갑자"의 시간이 걸린다. 봄밤은 무수한 시간의 축적 끝에서 황홀하게 타오르는 현재이다. 그것의 현재성은 아픈 과거("불타버린 고목이 쓰러지던 기억")를 지운다. 그러나 "결론이 담기지 않은 씨앗들은 없다". 사연(과거)이 없는 현재란 없다. 어떤 "생태학"에도 텅 빈 "공터"란 없다. 현재는 시간의 중력으로 무겁다. 거기엔 "깊은 수로"처럼 복잡한 역사가 있다. 그러나 현재를 "일목요연"하게 설명하며 다른 시간("새벽")으로 "인도할 필요는 더더욱 없다". 현재는 과거와 미래와 섞이면서 저절로 흐른다. 현재는 시간의 다양한 층위들을 내포하고 있는 파사드이다. 그것은 언어 너머의 질료이므로 그것에 관한 모든 담론은 "농담"일 수 있다. 중요한 것은 생생하게 살아 있는 물질로서의 현재, "사라진 당신이 만져보던 봄밤"이다. 그러므로 김영수의 시들은 '다양한 현재'에서 읽어낸 시간의 파장들로 불려도 된다. 그의 시들은 이처럼 시간성에 대한 명상으로 깊다.

기억이라도 하는 듯 집 속에는 새가 울고
둥글고 큰 항아리와 가벼운 발걸음이 있다
사용이라도 해본 듯
익숙하게 고요가 앉아 있다

떠나고 없으리라 짐작한
시간마저 다독이며 잡아놓고
쫓기듯 걸어버렸던 지난날의 길들이
봄밤처럼 다시 환해지는 창밖
화폭은 어둡고 친절하게 아무것도 모르고
—「능청」부분

"집"은 시간이 머무는 가상의 공간이다. 그 안엔 "떠나고 없으리라 짐작한/시간"이 머물러 있다. 사라지는 시간이란 없다. 시간이 사라지지 않으므로 사건도 사라지지 않는다. 모든 시간의 집엔 "둥글고 큰 항아리와 가벼운 발걸음이 있다". 그것은 익숙한 "고요"처럼 보이지만 사실은 '먼 현재(과거)'에 "쫓기듯 걸어버렸던 지난날의 길들"이다. "봄밤"이라는 생생한 현재, 즉 시간의 집의 "창밖"을 환하게 밝히는 현재가 없으면, 지난날의 길들은 보이지 않는다. "봄밤"은 죽은 시간을 깨우는 힘이고, 처진 시간의 파동을 흔드는 에너지이다. 시간의 집안에 제아무리 고요히 머물지라도 불타오르는 현재 앞에선

"능청"을 부릴 시간은 없다. "봄밤"은 시간의 내력을 여는 열쇠이고 스스로 몰락하는 시간이며 다른 시간을 생성하는 시간이다.

이렇게 보면 김영수의 시들은 '팽창하는 공간의 팽창하는 시간'에 대한 시적 기록이다. 그의 공간과 시간은 끝없는 흐름이므로, 계속되는 지연이므로, 요약, 정리, 복제, 재현이 불가능하다. 그는 팽창과 지연의 시공간에 흐름의 좌표로 흩뿌려져 있는 현실을 있는 그대로 제시한다.

시인동네 시인선 238

떠나지 않는 예언
ⓒ 김영수

초판 1쇄 인쇄	2024년 9월 23일
초판 1쇄 발행	2024년 9월 30일
지은이	김영수
펴낸이	김석봉
디자인	헤이존
펴낸곳	문학의전당
출판등록	제448-251002012000043호
주소	충북 단양군 적성면 도곡파랑로 178
전화	043-421-1977
전자우편	sbpoem@naver.com

ISBN 979-11-5896-661-4 03810

*이 책의 판권은 지은이와 문학의전당에 있습니다.
*양측의 서면 동의 없는 무단 전재 및 복제를 금합니다.
*잘못 만들어진 책은 바꿔드립니다.
*이 시집은 (재)구미문화재단 '구미 예술창작지원사업'으로 발간되었습니다.